Criar e Vender Vídeos com IA

Use Ferramentas de IA para Produzir YouTube Shorts, TikToks, Reels e Vídeos Sem Rosto que Pagam para Você para Sempre

Por Joe Correa

Publicado por Live Stronger Faster

Este livro é apenas para fins educacionais e informativos. O autor e a editora não prestam aconselhamento jurídico, financeiro ou qualquer outro tipo de aconselhamento profissional. Os leitores devem consultar um profissional qualificado antes de tomar qualquer decisão financeira.

Primeira Edição

Sumário

Introdução

Bem-vindo à Revolução dos Vídeos com IA

A forma como as pessoas consomem conteúdo mudou para sempre. Saímos de produções de vídeo longas e de alto orçamento para conteúdos rápidos, diretos e de grande impacto — tudo graças a plataformas como TikTok, Instagram Reels e YouTube Shorts. E agora, com o avanço da inteligência artificial, você pode criar esses vídeos de forma mais rápida, fácil e sem precisar mostrar o rosto.

Este livro é um guia passo a passo para construir uma fonte de renda utilizando ferramentas de vídeo com inteligência artificial. Seja você um empreendedor, criador de conteúdo ou um iniciante completo sem experiência técnica, este guia foi feito para você.

Por que a Criação de Vídeos com IA é o Futuro

As ferramentas de IA agora permitem que qualquer pessoa escreva roteiros, edite, narre e publique vídeos em poucos minutos — algo que antes levava horas ou exigia equipes caras de produção. Criadores de vídeo com IA como Pictory, InVideo, Descript e Opus Clip estão transformando completamente esse mercado.

Você não precisa de uma câmera.
Você não precisa falar nos vídeos.
Você nem precisa ter habilidades de edição.

Tudo o que você precisa é de uma ideia — e deste guia.

O Que Você Vai Aprender Neste Livro

Este livro mostrará como criar vídeos curtos sem aparecer usando inteligência artificial. Você aprenderá quais ferramentas de IA funcionam melhor para criar roteiros, editar e publicar vídeos. Também descobrirá como transformar um único vídeo longo em dezenas de Shorts, Reels ou TikToks de alto desempenho.

Além disso, você aprenderá onde publicar seus vídeos e como monetizá-los. O livro também apresenta estratégias para aumentar visualizações e renda — sem precisar aparecer na câmera.

Ao longo do livro, você verá exemplos reais de uso e estratégias de monetização, incluindo marketing de afiliados usando conteúdo em vídeo, criação de canais no YouTube sem rosto para gerar renda passiva, venda de pacotes de conteúdo para empresas utilizando automação com IA, e o uso de tendências combinadas com inteligência artificial para aumentar as chances de viralização com o mínimo de esforço.

Por Que Isso é Importante

O vídeo de formato curto está dominando a internet. Mais de 15 bilhões de vídeos curtos são assistidos diariamente. Canais sem rosto estão gerando milhares de dólares em receita com anúncios, comissões de afiliados e parcerias com marcas. Empresas estão pagando criadores por conteúdo que muitas vezes nem foi produzido manualmente — ele foi automatizado com inteligência artificial.

Isso não é apenas uma tendência. É uma mudança no mercado de conteúdo digital. E quem começar agora estará se posicionando para um sucesso de longo prazo.

Para Quem Este Livro Foi Criado

Este livro é ideal para criadores que não querem aparecer diante da câmera, para pais, estudantes ou profissionais que trabalham em tempo integral e desejam criar uma fonte de renda extra ou passiva, para agências e freelancers que querem oferecer produção de vídeo sem precisar editar manualmente, e para qualquer pessoa que queira ganhar dinheiro globalmente usando apenas um laptop ou celular — e inteligência artificial.

Este livro não é sobre buscar fama viral. É sobre construir fontes de renda automatizadas usando vídeos curtos criados com ferramentas de IA.

Capítulo 1: O Poder dos Vídeos Curtos

Os vídeos curtos dominaram a internet. Plataformas como TikTok, YouTube Shorts e Instagram Reels agora lideram o engajamento online, oferecendo a qualquer pessoa com um celular a chance de alcançar milhões de pessoas. Mas o que a maioria das pessoas não percebe é o seguinte: a inteligência artificial tornou possível automatizar todo o processo de criação de vídeos curtos.

Neste capítulo, vamos explicar por que os vídeos curtos têm um desempenho tão forte, quais são os elementos principais que fazem um vídeo se tornar viral, como a inteligência artificial cria uma vantagem para os criadores de conteúdo, de onde vem o dinheiro nesse modelo e como você pode começar hoje mesmo, mesmo sem experiência.

As pessoas estão mais ocupadas do que nunca. A média de atenção diminuiu para menos de oito segundos. É por isso que os vídeos curtos vencem. Eles são rápidos, envolventes e viciantes. Os algoritmos adoram esse formato. Os espectadores também. E os criadores conseguem produzir dezenas deles no tempo que levariam para criar apenas um vídeo longo.

Alguns números mostram o tamanho dessa oportunidade. O TikTok possui mais de 1,5 bilhão de usuários. O YouTube

Shorts recebe mais de 50 bilhões de visualizações por dia. E cerca de 90% dos usuários do Instagram assistem Reels semanalmente. Os vídeos curtos se tornaram uma nova forma de comunicação, entretenimento e marketing. E você pode fazer parte dessa onda sem mostrar o rosto ou investir em equipamentos caros.

Todo vídeo curto que se torna viral geralmente contém três elementos principais. O primeiro é o gancho inicial, que acontece nos primeiros três segundos. Nesse momento você precisa fazer o espectador parar de rolar a tela. Isso pode ser feito com uma frase forte, uma pergunta curiosa ou uma imagem impactante. O segundo elemento é o ritmo, geralmente entre quatro e quinze segundos, usando cortes rápidos, frases diretas, transições visuais e efeitos sonoros que mantêm a atenção. O terceiro elemento é a recompensa final, entre dez e trinta segundos, quando você entrega o ponto principal, a dica, o valor da mensagem ou um chamado para ação.

Com ferramentas de inteligência artificial, você pode simplesmente inserir um tema ou um roteiro e gerar automaticamente grande parte desses elementos.

Imagine que você queira criar um vídeo com o tema "3 maneiras de economizar dinheiro rapidamente".

Normalmente, você precisaria escrever um roteiro, gravar uma narração, filmar imagens, editar o vídeo em um software e depois adicionar legendas e música. Com ferramentas de IA, esse processo pode ser feito em poucos minutos. O ChatGPT pode escrever o roteiro. Ferramentas como ElevenLabs ou PlayHT podem gerar uma narração realista com voz de inteligência artificial. Plataformas como Pictory ou InVideo podem gerar o vídeo utilizando imagens de apoio. Ferramentas como Opus Clip ou Wisecut podem transformar vídeos longos em Shorts. E aplicativos como CapCut ou Descript podem adicionar legendas e efeitos automaticamente.

Isso significa que qualquer pessoa pode produzir de dez a vinte vídeos curtos em um único dia sem precisar aparecer na câmera.

Depois que seus vídeos são publicados, eles podem gerar renda de várias maneiras. Uma delas é através do Programa de Parcerias do YouTube, após atingir mil inscritos e dez milhões de visualizações em Shorts em noventa dias. Outra forma é através de links de afiliados que promovem ferramentas, livros ou produtos. Criadores também podem ganhar dinheiro com conteúdo patrocinado, vendendo produtos digitais ou cursos, fechando parcerias com marcas ou até vendendo canais já monetizados.

Você não precisa de milhões de visualizações para ganhar dinheiro. Alguns criadores ganham entre cem e quinhentos dólares por dia com vídeos curtos automatizados e sem rosto que direcionam o público para ofertas de afiliados ou páginas de captura.

O primeiro passo é simples: criar apenas um vídeo. Você não precisa construir uma marca inteira no início. Basta criar seu primeiro vídeo usando ferramentas de inteligência artificial. Por exemplo, imagine um vídeo com o tema "3 ferramentas de IA que economizam tempo todos os dias". Você pode usar o ChatGPT para escrever um roteiro de cerca de sessenta palavras. Em seguida, enviar esse roteiro para o ElevenLabs ou PlayHT para gerar o áudio. Depois, usar o Pictory ou InVideo para gerar as imagens e as legendas. Por fim, exportar o vídeo e publicá-lo no TikTok, Instagram Reels e YouTube Shorts, adicionando uma descrição com um chamado para ação ou um link de afiliado.

Se você fizer isso cinco vezes por semana, começará a ver seu tráfego e sua renda crescerem.

A história de sucesso de Lena mostra como isso pode acontecer na prática.

Lena estava exausta. Entre equilibrar o trabalho, cuidar dos dois filhos e tentar pagar suas dívidas, a última coisa que ela tinha era tempo extra para "começar um canal no YouTube". Mesmo assim, ela continuava ouvindo que algumas pessoas estavam ganhando dinheiro publicando vídeos curtos, mesmo sem aparecer na câmera.

Uma noite, depois que as crianças dormiram, Lena viu uma publicação online sobre como criar "vídeos sem rosto com inteligência artificial". Curiosa, embora um pouco cética, ela decidiu clicar.

O tutorial mostrava como usar o ChatGPT para escrever um roteiro, o ElevenLabs para gerar a voz e o Pictory para criar o vídeo completo — tudo em menos de trinta minutos. Ela decidiu tentar.

Seu primeiro vídeo tinha o título "3 Hábitos que Te Deixam Pobre Sem Você Perceber". Era curto, apenas trinta e oito segundos. Ela publicou no YouTube Shorts.

Na manhã seguinte, Lena pegou o celular para verificar.

1.327 visualizações.

Ela não acreditou. Nenhuma câmera. Nenhuma experiência em edição. Nenhuma gravação de voz. Apenas ferramentas de inteligência artificial e alguns minutos de esforço.

No final da semana, seus cinco vídeos curtos tinham alcançado cerca de oito mil visualizações no total e alguns cliques em seu link de afiliado. O resultado foram 24 dólares ganhos.

Pode não parecer muito, mas para Lena aquilo foi um sinal.

Ela continuou.

Em três meses, o canal de Lena ultrapassou mil inscritos. Alguns de seus vídeos tiveram pequenas viralizações, trazendo comissões de afiliados e receita com anúncios. Ela também entrou em comunidades de criadores que utilizavam inteligência artificial e até vendeu seu primeiro produto digital — um guia de orçamento que criou usando o ChatGPT.

A antiga Lena dificilmente acreditaria nisso.

Hoje, ela ganha mais dinheiro com seus vídeos automatizados e sem rosto do que com seu antigo emprego — e ainda tem a liberdade de tempo que sempre sonhou.

Tudo porque ela decidiu tentar... e apertou o botão **Publicar**.

Capítulo 2: Ferramentas de IA que Você Precisa para Começar

Criar vídeos com inteligência artificial é rápido, fácil e escalável — mas somente se você estiver usando as ferramentas certas. Neste capítulo, vamos apresentar exatamente quais plataformas de IA você precisa, o que cada uma faz e como combiná-las em um fluxo de trabalho simples para criar vídeos curtos com aparência profissional e potencial para gerar renda.

Você aprenderá quais são as cinco categorias essenciais de ferramentas, as opções gratuitas e pagas disponíveis em cada categoria, exemplos de fluxos de trabalho utilizando essas ferramentas, as vantagens e desvantagens de usar plataformas completas em comparação com sistemas modulares, e também dicas para escolher ferramentas que se ajustem ao seu orçamento e aos seus objetivos.

Para criar vídeos curtos com IA, você precisará de ferramentas de cinco categorias principais, cada uma desempenhando um papel específico no processo de criação de conteúdo. A primeira categoria é a ferramenta de criação de roteiros. Ela serve para gerar roteiros curtos e envolventes para seus vídeos. Ferramentas como ChatGPT e Jasper são ideais para isso, pois produzem textos criativos instantaneamente, adaptados ao tema e ao tom desejado. A segunda categoria é a geração de voz. Em vez de gravar sua própria narração, plataformas como ElevenLabs e PlayHT permitem criar narrações realistas usando inteligência artificial — algo revolucionário para criadores de vídeos sem rosto.

A terceira categoria é a criação de vídeo. Ferramentas como InVideo, Pictory e Steve.AI permitem combinar roteiro, áudio e imagens em um único vídeo pronto para publicação. Essas plataformas podem associar automaticamente imagens e vídeos à narração, economizando horas de edição manual. Depois que o vídeo é criado, entram em cena as ferramentas de edição e legendas. Aplicativos como CapCut, Descript e VEED facilitam adicionar textos dinâmicos, transições e efeitos, ajudando seu conteúdo a se destacar e aumentando a retenção do público. Por fim, existem as ferramentas de reaproveitamento de conteúdo. Plataformas como Opus Clip e Wisecut são ideais para quem trabalha com vídeos longos. Elas utilizam inteligência artificial para identificar automaticamente os melhores momentos do vídeo, adaptá-los para formato vertical e transformá-los em vários clipes curtos prontos para YouTube Shorts, TikTok e Reels.

Cada uma dessas ferramentas desempenha um papel importante na criação de um sistema de conteúdo eficiente e automatizado. Você pode combinar diferentes ferramentas para montar um fluxo de trabalho personalizado ou usar uma plataforma completa dependendo das suas necessidades e do seu nível de experiência.

Agora vamos analisar algumas das principais ferramentas gratuitas e pagas por categoria. Para criação de roteiros, opções gratuitas incluem ChatGPT na versão básica e Rytr. Entre as opções pagas, o Jasper.ai se destaca, especialmente para roteiros com foco em marketing. Para geração de voz, plataformas como PlayHT e ElevenLabs oferecem testes gratuitos. Entre as opções pagas, o ElevenLabs se destaca pela alta qualidade de voz, enquanto o Murf.ai é bastante utilizado para vídeos educativos e treinamentos.

Na criação de vídeo, ferramentas gratuitas incluem Canva, que possui modelos de vídeo, e Lumen5. Entre as opções pagas, o Pictory é excelente para transformar roteiros em vídeos automaticamente, enquanto o InVideo oferece modelos simples e fáceis de usar. Para edição e legendas, o CapCut é uma das melhores ferramentas gratuitas, principalmente para celular, e o DaVinci Resolve também é bastante poderoso. Entre as opções pagas, o Descript é conhecido pela edição baseada em inteligência artificial, enquanto o VEED funciona diretamente no navegador. Já para reaproveitamento de conteúdo, o Opus Clip oferece teste gratuito, enquanto Wisecut e Opus Clip na versão paga são excelentes para transformar conteúdos longos em vários vídeos curtos.

Vamos ver um exemplo simples de fluxo de trabalho utilizando IA para criar um vídeo de um minuto no TikTok. Imagine que você queira criar um vídeo com o tema "3 aplicativos que economizam tempo todos os dias". Primeiro, você pode usar o ChatGPT para gerar um roteiro de aproximadamente 60 palavras. Depois, copiar esse roteiro para o ElevenLabs e gerar a narração em áudio. Em seguida, enviar o áudio para o Pictory, que criará automaticamente as imagens e o vídeo correspondente. Depois disso, você pode usar o CapCut para fazer pequenos ajustes, adicionar legendas e incluir um chamado para ação. Finalmente, basta publicar o vídeo no TikTok, Instagram Reels e YouTube Shorts. Todo esse processo pode levar menos de 25 minutos e pode ser feito gratuitamente ou com ferramentas que custam menos de dez dólares por mês.

Existem duas maneiras principais de organizar suas ferramentas: usando um sistema modular ou uma plataforma tudo-em-um. No sistema modular, cada ferramenta realiza uma função específica com mais qualidade e flexibilidade. Isso oferece maior controle sobre o resultado final. No entanto, o processo pode levar um pouco mais de tempo e às vezes exige assinaturas de duas ou três ferramentas diferentes. Já as plataformas tudo-em-um, como InVideo ou Canva, permitem criar vídeos completos dentro de um único ambiente, com roteiro, imagens e voz em um só lugar. Essas plataformas são rápidas e ideais para iniciantes, mas podem ter menos recursos avançados e gerar resultados mais genéricos se não forem personalizados.

A escolha das ferramentas também depende do seu objetivo. Para criar rapidamente vídeos sem rosto para YouTube Shorts, uma boa combinação é ChatGPT, ElevenLabs, Pictory e CapCut. Para transformar vídeos longos em TikToks, ferramentas como Opus Clip, CapCut e VEED funcionam muito bem. Para trabalhos de agência ou clientes, plataformas como Jasper, Murf, Descript e Canva são bastante úteis. Já para quem quer criar e vender templates ou modelos de conteúdo, ferramentas como InVideo, ChatGPT e Canva podem ser uma ótima escolha.

Uma dica importante é começar usando testes gratuitos para entender quais ferramentas funcionam melhor para você antes de pagar por assinaturas.

Agora vamos conhecer a história inspiradora de Tyrone. Tyrone sempre teve interesse em vídeos, mas entre seu trabalho em tempo integral e a falta de habilidades de edição, ele nunca imaginou que poderia realmente entrar nesse mundo.

Tudo mudou quando a inteligência artificial entrou em cena.

Numa sexta-feira à noite, ele sentou com um objetivo simples: criar um único YouTube Short sem mostrar o rosto. Ele tinha ouvido que agora era possível usar inteligência artificial para tudo — escrever roteiros, criar narrações e até editar vídeos. Mesmo assim, ele ainda duvidava.

Ele abriu o ChatGPT e digitou um pedido simples: "Escreva um roteiro de 45 segundos para um YouTube Short sobre 3 ferramentas gratuitas de IA que qualquer pessoa pode usar."

Em menos de trinta segundos, recebeu um roteiro curto e envolvente.

Em seguida, abriu o ElevenLabs, colou o roteiro, escolheu uma voz masculina calma e clicou em "gerar". Instantaneamente, tinha um áudio realista pronto para uso.

Ainda duvidando que aquilo realmente funcionaria, ele enviou o áudio para o Pictory. A plataforma gerou automaticamente um vídeo limpo utilizando imagens de banco de vídeos, transições dinâmicas e até adicionou legendas com base no roteiro. Depois, ele exportou o vídeo e fez pequenos ajustes no CapCut usando apenas alguns toques no celular.

Quando viu o resultado final, pensou: "Isso parece algo feito por um editor profissional."

Na manhã seguinte, ele publicou o vídeo no YouTube Shorts sem grandes expectativas.

Naquela semana, o vídeo alcançou 9.000 visualizações. Comentários começaram a aparecer. Um usuário perguntou: "Qual ferramenta você usou para a voz? Parece incrível."

Tyrone respondeu — e colocou um link de afiliado.

Três semanas depois, ele já havia publicado mais 12 vídeos usando a mesma combinação de ferramentas de IA. Seu canal ultrapassou 500 inscritos. Mais importante ainda, ele ganhou seus primeiros 108 dólares em comissões de afiliados — tudo com vídeos criados por inteligência artificial nos quais ele nunca precisou aparecer.

Tyrone ficou completamente motivado.

Ele criou uma planilha simples com seu fluxo de trabalho: **ChatGPT → ElevenLabs → Pictory → CapCut → Publicação.**

Passou a seguir essa rotina diariamente. Em apenas dois meses, seu pequeno canal sem rosto começou a gerar cerca de

500 dólares por mês em renda recorrente apenas com visualizações e links.

Foi então que ele percebeu algo poderoso: ele não precisava de ferramentas complexas nem de experiência profissional. Tudo o que precisava eram as ferramentas certas de inteligência artificial — e a decisão de começar.

Capítulo 3: Roteirização para Vídeos Curtos — Ganchos, Estrutura e Storytelling em 30 Segundos

Quando se trata de sucesso com vídeos curtos, o roteiro é a base de tudo. Você pode usar imagens geradas por inteligência artificial ou vídeos de banco de imagens, mas nada disso importa se as palavras não capturam a atenção do público e não entregam valor. Um bom roteiro para vídeos curtos não exige escrita sofisticada — exige estrutura, clareza e, principalmente, velocidade. Toda a mensagem precisa ser comunicada em 15 a 60 segundos, às vezes até menos. Por isso, ter um gancho forte, um desenvolvimento conciso e uma conclusão impactante é essencial.

Tudo começa com o gancho. Você tem apenas um a três segundos para impedir que alguém continue rolando a tela. Os melhores ganchos despertam curiosidade, fazem uma afirmação ousada ou prometem valor imediato. Frases como "Você está fazendo isso errado", "Aqui está algo que ninguém te conta" ou "3 coisas que eu gostaria de ter aprendido antes" fazem o espectador parar e prestar atenção. Se o gancho falhar, o restante do vídeo perde importância. Ferramentas de IA como ChatGPT ou Jasper podem ajudar você a criar dezenas de ideias de ganchos apenas pedindo: "Me dê 10 ganchos virais para um vídeo sobre [seu tema]".

Depois do gancho vem o desenvolvimento — a parte principal da mensagem. É aqui que você entrega valor ao público. Pode ser três dicas rápidas, uma mini história, um erro comum a evitar ou um insight único. A clareza é fundamental. Use frases curtas. Seja direto. Evite enrolação. Pense em cada frase como um golpe que mantém o espectador interessado. Em termos de uso da IA, você pode pedir ao ChatGPT para escrever seu vídeo em um formato simples de três partes: gancho, mensagem principal e CTA (chamada para ação). Você também pode ajustar o tom pedindo algo como: "Escreva no estilo de Alex Hormozi" ou "Escreva como a introdução de um vídeo do MrBeast".

Por fim, vem a conclusão ou chamada para ação, que deixa o espectador com uma sensação de encerramento. Em vídeos focados em valor, a conclusão é o insight final ou a dica que conecta tudo. Em vídeos com objetivo de monetização, pode ser algo como "Clique no link na bio", "Baixe o guia gratuito abaixo" ou "Siga para mais dicas". O objetivo é deixar o espectador satisfeito e curioso para consumir mais conteúdo. A inteligência artificial também pode ajudar a gerar diferentes CTAs com base no seu objetivo, seja promover um link de afiliado, vender um curso ou simplesmente ganhar mais seguidores.

Escrever roteiros para vídeos curtos é um processo de velocidade e repetição. Não tente deixar cada vídeo perfeito. Use modelos. Uma fórmula simples como "Gancho + Dica 1 + Dica 2 + Dica 3 + CTA" funciona muito bem para TikTok ou Reels. Você pode pedir ao ChatGPT para gerar várias versões e escolher a melhor. Alguns criadores vão além e escrevem de 10 a 20 roteiros de uma vez, enviam todos para seu gerador de vídeos com IA e programam uma semana inteira de conteúdo em um único dia.

Bons roteiros não precisam ser longos. Na verdade, um vídeo de 30 segundos pode ter apenas 50 a 70 palavras. A verdadeira habilidade está em escolher palavras que tenham grande impacto. Use verbos fortes, afirmações ousadas e linguagem com a qual as pessoas se identifiquem. Em vez de dizer "Isso pode ajudar a melhorar sua gestão de tempo", diga "Economize 3 horas por dia com isso". Seja direto, específico e rápido. Combine essa estrutura de roteiro com vozes geradas por IA e ferramentas automáticas de legendas, e você poderá produzir conteúdo poderoso todos os dias com facilidade.

Samantha sempre ouviu que tinha "uma boa voz para rádio", mas nunca havia pensado em criar vídeos. Ela não era uma pessoa muito tecnológica. Não tinha câmera nem iluminação profissional. Ela simplesmente gostava de compartilhar dicas de vida com seus amigos. Um dia, enquanto navegava no TikTok, viu um vídeo curto chamado "3 sinais de que você está desperdiçando dinheiro sem perceber". Era apenas um vídeo sem rosto com texto na tela e uma voz artificial, mas tinha mais de 1,4 milhão de visualizações.

Esse foi o momento em que tudo fez sentido para ela. "Eu poderia fazer isso", pensou. Naquela noite, ela abriu o laptop, entrou no ChatGPT e escreveu: "Crie um roteiro de vídeo curto em três partes sobre 3 maneiras de melhorar seu orçamento." Em menos de dez segundos, recebeu um roteiro completo com um gancho forte: "Se você fica sem dinheiro antes do dia 15 do mês, assista a isto." Era direto, real e exatamente como ela falava. Ela copiou o texto e colou no ElevenLabs para gerar a narração. Depois usou o Pictory para criar as imagens. Assim nasceu seu primeiro vídeo.

Ela publicou no Instagram Reels e foi dormir. Na manhã seguinte, o vídeo tinha 2.100 visualizações. Não era viral, mas muito mais do que ela imaginava. Ela continuou. Começou a usar uma fórmula simples: Gancho + 3 dicas + CTA. "Se você está sempre cansado, tente isto", seguido de três dicas rápidas de estilo de vida. "Se sua pontuação de crédito está ruim, faça isto", seguido de aplicativos que ela recomendava. A cada vídeo, ela testava diferentes CTAs: “Siga para mais dicas”, “Envie uma mensagem para receber o guia”, “Link na bio”.

Em poucas semanas, ela já tinha uma audiência. Não era enorme, mas era engajada. Alguns vídeos ultrapassaram 10 mil visualizações. Ela começou a ganhar dinheiro com links de afiliados das ferramentas de orçamento que recomendava em sua bio. E passou a gostar do processo criativo. Não se tratava de perfeição. Tratava-se de transmitir uma mensagem clara em 30 segundos. Agora ela usava o ChatGPT todos os dias — não porque não soubesse escrever, mas porque a ferramenta ajudava a pensar em ideias mais rápido e lhe dava mais tempo para focar na criatividade.

Um dia, ao olhar seu painel de resultados, viu que havia ganho 217 dólares em apenas uma semana com alguns vídeos curtos. Isso era quase o valor da conta de energia elétrica dela. Tudo a partir de roteiros que ela criava em minutos usando inteligência artificial. Samantha não era cineasta. Não era influenciadora. Era apenas uma pessoa comum com dicas úteis — e agora tinha uma renda digital crescente construída com roteiros simples, diretos e impactantes que faziam as pessoas voltarem para assistir mais.

Capítulo 4: Criando Vídeos Sem Rosto com IA — Sem Câmera, Sem Problema

Um dos aspectos mais poderosos da criação de vídeos com inteligência artificial é a capacidade de produzir conteúdo envolvente sem precisar mostrar o rosto. Isso é uma verdadeira mudança de jogo para criadores que valorizam a privacidade, têm vergonha de aparecer diante da câmera ou simplesmente querem escalar a produção de conteúdo com mais rapidez. Com ferramentas de IA capazes de gerar roteiros, narrações, vídeos e até avatares, muitas das barreiras tradicionais para começar desapareceram. Neste capítulo, você aprenderá como criar vídeos sem rosto de alta qualidade usando apenas um laptop ou smartphone e um fluxo de trabalho inteligente.

O primeiro passo é entender a estrutura de um vídeo sem rosto. A maioria segue um fluxo simples: um gancho inicial (com texto ou narração), uma sequência de clipes visuais ou animações que apoiam a mensagem e, por fim, uma chamada para ação. Em vez de mostrar seu próprio rosto, os elementos visuais podem ser vídeos de banco de imagens, personagens animados, textos na tela ou imagens de apoio relacionadas ao seu roteiro. Plataformas como Pictory, InVideo e Lumen5 tornam esse processo extremamente simples. Você pode enviar um roteiro ou arquivo de áudio e a plataforma seleciona automaticamente imagens, transições e animações adequadas.

A narração é o próximo elemento importante. Você não precisa gravar sua própria voz. Ferramentas como ElevenLabs, PlayHT ou Murf conseguem gerar vozes realistas com inteligência artificial em diferentes tons, sotaques e idiomas. Basta colar seu roteiro, escolher uma voz e exportar o áudio. Depois, essa narração pode ser adicionada ao vídeo com poucos cliques. Por exemplo, usando o Pictory, você pode enviar o arquivo de voz e a plataforma sincronizará automaticamente as imagens com a narração, tornando o processo muito mais rápido e simples.

Para manter o público engajado, também é importante adicionar legendas e textos dinâmicos. Muitas pessoas assistem a vídeos curtos sem som, principalmente em dispositivos móveis. Ferramentas como CapCut, Descript e VEED podem transcrever automaticamente o vídeo e adicionar legendas animadas, o que aumenta o tempo de visualização e o engajamento. O CapCut é especialmente popular porque funciona muito bem no celular e oferece modelos inspirados em criadores de conteúdo populares. Se você estiver usando plataformas como InVideo, também poderá personalizar fontes, animações e o tempo de cada elemento para tornar o vídeo visualmente mais interessante.

O segredo de vídeos sem rosto eficazes está na narrativa visual. Você não está apenas colocando vídeos de banco de imagens em uma linha do tempo — está criando uma jornada visual que acompanha a emoção ou o tom do roteiro. Se o vídeo for motivacional, use música inspiradora e imagens de nascer do sol, pessoas correndo ou rostos sorrindo. Se for um vídeo sobre finanças, mostre imagens de planilhas, cartões de crédito ou dinheiro. Deixe que os elementos visuais amplifiquem a mensagem, mesmo sem uma pessoa aparecendo na tela. Você também pode orientar as ferramentas de IA ajustando palavras-chave ou substituindo alguns clipes manualmente para tornar a história mais clara.

Por fim, seu vídeo sem rosto estará pronto para publicação. Exporte-o em formato vertical (9:16) para TikTok, Instagram Reels e YouTube Shorts. Certifique-se de que o vídeo tenha entre 15 e 60 segundos, inclua texto na tela e termine com uma chamada para ação clara. A partir de um único roteiro, você pode reutilizar o mesmo vídeo em três ou mais plataformas, ampliando seu alcance sem precisar criar conteúdo extra. Quanto mais você praticar esse processo, mais rápido ficará. Com o tempo, será possível criar de cinco a dez vídeos sem rosto por dia com aparência profissional e capazes de transformar espectadores em seguidores, clientes ou comissões.

Agora vamos falar sobre Diego.

Diego sempre admirou criadores que falavam com confiança diante da câmera, mas sabia que aquilo não era para ele. Não gostava de como aparecia em vídeo, odiava se gravar e ficava constrangido sempre que ouvia sua própria voz. Durante anos, essa insegurança o impediu de tentar construir uma presença online. Tudo mudou quando ele descobriu que podia criar vídeos sem rosto usando inteligência artificial.

Tudo começou quando ele encontrou um canal no YouTube com mais de 300 mil inscritos. Todos os vídeos eram curtos, sem mostrar o rosto e curiosamente hipnotizantes. Textos apareciam na tela enquanto vídeos de banco de imagens passavam ao fundo. Uma voz calma e artificial transmitia mensagens poderosas. Diego pesquisou mais sobre o assunto e descobriu que o criador usava ferramentas como ElevenLabs e Pictory. Foi quando pensou: “Espere... eu também posso fazer isso.” Naquela mesma noite, decidiu tentar.

Ele abriu o ChatGPT e pediu para escrever um roteiro motivacional de 45 segundos sobre não desistir. O resultado foi simples e impactante. Em seguida, colou o texto no ElevenLabs, escolheu uma voz masculina confiante e exportou o áudio. Depois enviou a narração para o Pictory, adicionou o roteiro e deixou a inteligência artificial fazer o resto. Em poucos minutos, a plataforma montou um vídeo com imagens de nascer do sol, pessoas escalando montanhas e textos fortes na tela. Ele fez alguns ajustes visuais e exportou o vídeo final.

Nervoso, mas animado, Diego publicou o vídeo no YouTube Shorts e no Instagram Reels. No começo foi estranho — ele não aparecia no vídeo de forma alguma. Mas na manhã seguinte, o vídeo já tinha mais de 3.000 visualizações. Algumas pessoas comentaram coisas como "Eu precisava ouvir isso hoje" e "Salvei esse vídeo para ver depois". Aquilo teve um impacto enorme para ele. Ele percebeu que não precisava aparecer para causar impacto. Bastava compartilhar uma mensagem — e deixar as ferramentas fazerem o resto.

Diego então criou um sistema. Toda semana escrevia dez roteiros usando ChatGPT. Transformava os textos em narrações com ElevenLabs. Criava os vídeos no Pictory e fazia os ajustes finais no CapCut. Depois programava as publicações usando o Meta Business Suite e o YouTube Studio. Em apenas dois meses, ele já tinha mais de 40 vídeos sem rosto publicados — e três deles haviam se tornado semi-virais. Um alcançou 80 mil visualizações. Outro foi compartilhado por uma página grande. Seus links de afiliados começaram a gerar dinheiro — pouco no começo, mas crescendo de forma constante.

O que mais o surpreendeu não foi o dinheiro. Foi a confiança que ele ganhou. Ele não se sentia mais como alguém de fora do mundo da criação de conteúdo. A inteligência artificial havia dado a ele uma voz — sem o medo de aparecer diante da câmera. E agora ele estava construindo uma marca sem rosto que inspirava milhares de pessoas, um vídeo gerado por IA de cada vez.

Capítulo 5: Reaproveitando um Vídeo em Mais de 10 Shorts com IA (De Conteúdo Longo para Clipes Virais)

Criar vídeos curtos de alto desempenho a partir de conteúdos longos é uma das maneiras mais eficientes e escaláveis de aumentar sua audiência, gerar tráfego e monetizar online. Em vez de gravar conteúdo novo constantemente, criadores inteligentes agora gravam um único vídeo longo — como um podcast, webinar, tutorial ou vlog — e utilizam ferramentas de inteligência artificial para gerar automaticamente dezenas de clipes curtos e envolventes. Essa abordagem economiza tempo, multiplica seu alcance e permite que você construa uma biblioteca de conteúdo que trabalha para você 24 horas por dia.

No centro dessa estratégia estão as ferramentas de reaproveitamento de conteúdo baseadas em IA. Plataformas como Opus Clip, Wisecut e Vidyo.ai analisam vídeos longos e identificam automaticamente os momentos mais interessantes com base no conteúdo, no tom da fala, nas expressões, nos sinais de engajamento e até em palavras-chave. Essas ferramentas dividem o vídeo em pequenos clipes, ajustam automaticamente para formato vertical e adicionam legendas dinâmicas, emojis e transições — tudo sem que você precise fazer edição manual. Basta enviar seu vídeo longo e, em poucos minutos, você recebe uma coleção de 10, 20 ou até mais vídeos curtos prontos para publicação.

Esse fluxo de trabalho é extremamente valioso para criadores de cursos, YouTubers, podcasters, coaches e donos de negócios que já possuem vídeos longos armazenados em seus computadores. Imagine pegar uma gravação de Zoom de 30 minutos e transformá-la em 15 Reels ou TikToks de alta qualidade em menos de uma hora. Cada vídeo curto pode direcionar os espectadores de volta para seu conteúdo completo, sua lista de e-mails, sua página de produto ou seu canal do YouTube. E como os algoritmos do Instagram, YouTube e TikTok favorecem vídeos curtos, você ganha exposição com muito menos esforço.

Para começar, escolha um vídeo longo que contenha momentos valiosos — como histórias, dicas, opiniões fortes ou insights. Em seguida, envie esse vídeo para uma ferramenta como Opus Clip. A inteligência artificial identificará automaticamente trechos com potencial de gancho, analisará a fala e transformará o conteúdo em vários vídeos curtos verticais, adicionando legendas e edições automáticas. Depois, você poderá visualizar os clipes, remover aqueles que não combinam com sua mensagem e baixar os melhores. Esses vídeos podem ser programados para publicação em diferentes plataformas, cada um com seu próprio título, descrição e chamada para ação direcionando para sua oferta ou vídeo principal.

A consistência é essencial. Muitos criadores desenvolvem um sistema simples: gravar um vídeo longo de 20 a 60 minutos por semana e deixar que a inteligência artificial transforme esse conteúdo em vídeos curtos para publicação diária. Você também pode combinar essa estratégia com produção em lote. Por exemplo, gravar quatro vídeos longos em um único dia e usar ferramentas de reaproveitamento para gerar mais de 50 vídeos curtos para todo o mês. Se você realiza entrevistas, responde perguntas frequentes ou faz transmissões ao vivo, tudo isso se torna matéria-prima para vídeos curtos que continuam promovendo sua marca e seu negócio.

A melhor parte é que você não precisa ser um YouTuber ou influenciador em tempo integral para usar essa estratégia. Seja você um coach buscando gerar leads, um afiliado promovendo ferramentas ou um educador construindo autoridade, o reaproveitamento com IA permite maximizar cada conteúdo que você cria. Um único bom vídeo pode se transformar em um verdadeiro ecossistema de conteúdo — e, com as ferramentas certas, grande parte desse processo pode ser automatizada.

Agora vamos falar da história de Maya e seu novo negócio com vídeos curtos.

Maya tinha um pequeno canal no YouTube focado em educação financeira. Ela publicava vídeos semanais ensinando as pessoas a administrar dinheiro, construir crédito e evitar dívidas. Seus tutoriais eram claros e úteis, mas as visualizações eram baixas. Um vídeo normalmente alcançava entre 300 e 400 visualizações. Às vezes chegava a mil. Mesmo assim, ela sentia que sua mensagem não estava alcançando as pessoas que mais precisavam.

Um dia, um colega criador entrou em contato e disse: "Você deveria transformar esses vídeos em Shorts. Você está sentado em uma mina de ouro." Maya hesitou. "Eu não tenho tempo para cortar todos os meus vídeos", respondeu. Foi então que ele apresentou o Opus Clip para ela. Era uma ferramenta de inteligência artificial que podia pegar vídeos longos e gerar automaticamente clipes curtos com legendas, transições e edições dinâmicas. Maya decidiu testar.

Ela enviou um de seus vídeos antigos — um tutorial de 22 minutos sobre como reconstruir crédito após um problema financeiro. Em poucos minutos, o Opus Clip retornou 13 vídeos curtos. Cada um tinha entre 30 e 60 segundos, já no formato vertical correto, com legendas destacadas e textos sincronizados com sua fala. Ela quase não precisou editar nada. Escolheu seus oito melhores clipes, publicou no TikTok, YouTube Shorts e Instagram Reels e adicionou uma chamada para ação direcionando para o vídeo completo.

No final da semana, três desses vídeos curtos já tinham ultrapassado 5.000 visualizações. Um deles chegou a 18.000. Comentários começaram a aparecer: "Era exatamente isso que eu precisava ouvir hoje", "Você tem mais vídeos sobre isso?" e "Já me inscrevi!" Maya não conseguia acreditar. O conteúdo que ela já havia criado — e que pensava estar esquecido — agora estava trabalhando mais do que nunca graças à inteligência artificial.

Animada, ela começou a enviar mais vídeos longos para o Opus Clip. Um vídeo de perguntas e respostas de 40 minutos virou 22 Shorts. Um episódio de podcast virou 19 Reels. De repente, ela estava publicando conteúdo todos os dias sem gravar nada novo. Sua lista de e-mails começou a crescer. As comissões de afiliados dobraram. E o YouTube finalmente aprovou seu canal para monetização.

O que antes levava cinco ou seis horas por semana agora levava cerca de 90 minutos. Ela passou a usar seu tempo para interagir com a audiência, desenvolver um curso e melhorar seus materiais de captura de leads. Enquanto isso, seus Shorts editados com IA continuavam trazendo novos espectadores o tempo todo. Maya passou de sobrecarregada e com poucas visualizações para automatizada e amplamente vista – simplesmente reaproveitando o conteúdo que já tinha criado com a ajuda de ferramentas inteligentes de inteligência artificial.

Capítulo 6: Monetizando Seus Vídeos — Links de Afiliados, Receita de Anúncios, Produtos e Muito Mais

Criar vídeos é empolgante, mas transformar esses vídeos em renda é onde está a verdadeira oportunidade. Graças às ferramentas de inteligência artificial e às plataformas de vídeos curtos, a monetização não está mais limitada a influenciadores com milhões de seguidores. Hoje, até mesmo pequenos criadores podem ganhar uma renda consistente por meio de múltiplas fontes — muitas vezes a partir de vídeos que levaram menos de uma hora para serem produzidos. Neste capítulo, você aprenderá como monetizar seu conteúdo gerado com IA utilizando marketing de afiliados, receita de anúncios, venda de produtos digitais, patrocínios e geração de leads.

Uma das maneiras mais rápidas de começar a ganhar dinheiro é através do marketing de afiliados. Isso significa recomendar um produto ou ferramenta em seu vídeo e, se alguém comprar através do seu link exclusivo, você recebe uma comissão. A grande vantagem dos vídeos curtos é a capacidade de gerar tráfego rapidamente. Plataformas como TikTok e Instagram permitem que você coloque seu link de afiliado na bio ou em ferramentas como Linktree. Basta finalizar o vídeo com uma chamada para ação como "Clique no link na bio para testar esta ferramenta" ou "Baixe meu guia gratuito no link abaixo". Por exemplo, se seu vídeo for sobre como economizar tempo com inteligência artificial, você pode colocar um link para o programa de afiliados de uma ferramenta de IA e ganhar sempre que alguém se cadastrar.

O YouTube Shorts também oferece monetização por meio do Programa de Parcerias do YouTube (YPP). Embora os requisitos para monetizar Shorts sejam diferentes dos vídeos longos, criadores que alcançam 10 milhões de visualizações em 90 dias e atingem o número mínimo de inscritos podem se qualificar para receita de anúncios. O valor pago por visualização pode ser menor do que em vídeos longos, mas o grande volume de visualizações pode compensar. Além disso, o YouTube oferece bônus, fundos para criadores e recursos de compras para criadores elegíveis que produzem Shorts. Se você criar conteúdo em lote e publicar de forma consistente, até mesmo um canal pequeno pode desbloquear essas fontes de renda em poucos meses.

Produtos digitais também são uma excelente forma de monetização. Pense em e-books, templates, cursos ou coleções de materiais prontos para uso — todos podem ser criados rapidamente com a ajuda da inteligência artificial. A estratégia é simples: use seus vídeos para compartilhar uma dica do seu produto e, em seguida, direcione os espectadores para uma página de captura ou página de vendas. Por exemplo, um vídeo chamado "3 Ferramentas de IA que Me Economizaram 20 Horas no Mês Passado" pode direcionar para um kit de produtividade de 9 dólares criado com o ChatGPT. Dessa forma, o vídeo gera visibilidade e o produto gera lucro — tudo sem estoque ou custos de envio.

Os patrocínios também estão se tornando acessíveis para criadores que produzem vídeos sem rosto. As marcas estão percebendo que o importante não é o rosto do criador, mas sim a audiência e o nível de engajamento. Se seus vídeos curtos atingirem consistentemente um público específico — como usuários de tecnologia, estudantes, freelancers ou pequenos empresários — empresas podem pagar para que você mencione seus produtos. Você pode entrar em contato diretamente com empresas, listar suas tarifas em plataformas como Passionfroot ou Beacons, ou até incluir uma menção no vídeo como "Patrocinado por [Marca]". Conforme sua biblioteca de vídeos cresce, suas oportunidades também aumentam.

Outra estratégia poderosa é a geração de leads. Se você oferece um serviço — como coaching, consultoria, trabalho freelancer ou até uma newsletter — seus vídeos podem direcionar espectadores diretamente para seu negócio. Por exemplo, um vídeo sobre "3 Erros que Investidores Iniciantes Cometem" pode levar para um checklist gratuito em PDF que coleta endereços de e-mail e constrói sua lista. Essa lista pode então ser utilizada para vender cursos, livros ou ofertas de maior valor. Com a inteligência artificial ajudando na produção dos vídeos e na criação de páginas de captura, todo o funil pode ser automatizado e escalável.

Os criadores mais bem-sucedidos normalmente combinam duas ou mais dessas estratégias. Por exemplo, utilizam links de afiliados para gerar renda no curto prazo, vendem produtos digitais no médio prazo e constroem listas de e-mail para crescimento de longo prazo. O segredo é consistência e otimização. Use análises de desempenho para entender quais vídeos têm melhor resultado, quais chamadas para ação geram mais cliques e onde os espectadores deixam de assistir. Concentre-se no que funciona e observe seu conteúdo em vídeo se transformar em uma máquina de geração de renda — tudo impulsionado por inteligência artificial.

Agora vamos falar da história de Elijah e seu minicurso de 17 dólares.

Elijah não era novo na criação de conteúdo. Ele já havia tentado criar podcasts, escrever blogs e até manteve um pequeno canal no YouTube, mas nada disso gerava renda consistente. Sempre parecia muito trabalho com pouco retorno. Tudo mudou quando ele encontrou um criador que mencionava ganhar mais de 1.000 dólares por mês apenas com links de afiliados em vídeos curtos. Curioso, Elijah decidiu testar a ideia de forma séria. Como não queria aparecer diante da câmera, ele recorreu à inteligência artificial.

Usando o ChatGPT, ele escreveu 10 roteiros curtos sobre orçamento e economia de dinheiro. Criou as narrações usando o ElevenLabs, gerou os vídeos com Pictory e fez pequenos ajustes no CapCut. Depois começou a publicar um vídeo curto por dia no TikTok, Instagram Reels e YouTube Shorts. No final de cada vídeo, adicionava uma chamada para ação: "Baixe meu checklist gratuito de orçamento — link na bio". Esse checklist levava para uma página com ofertas de afiliados, como aplicativos de orçamento, ferramentas de construção de crédito e cursos de finanças.

Nas duas primeiras semanas, quase nada aconteceu. Algumas visualizações aqui e ali. Então um dos vídeos — "Como Parar de Desperdiçar 300 Dólares por Mês Sem Perceber" — alcançou 40 mil visualizações no Instagram Reels. Sua lista de e-mails cresceu com 218 novos inscritos em apenas três dias. No painel de afiliados, ele viu 94 dólares em comissões. Não era uma quantia que mudava a vida, mas provava que o sistema funcionava. Aquele vídeo, criado em 25 minutos com ferramentas de IA, agora gerava cliques diários e renda passiva.

Motivado, Elijah criou um minicurso de 17 dólares sobre orçamento para iniciantes — totalmente escrito pelo ChatGPT e narrado com uma voz gerada por inteligência artificial. Ele colocou o curso na sequência de e-mails de boas-vindas e começou a ver vendas aparecerem. 17 dólares aqui, 17 dólares ali. Um dia acordou e viu três vendas seguidas e 51 dólares em sua conta no Stripe. Depois adicionou um patrocínio — um aplicativo de orçamento que ofereceu 150 dólares para que ele mencionasse a ferramenta em cinco vídeos. Tudo isso veio de uma série de vídeos sem rosto que havia começado menos de dois meses antes.

O que mais surpreendeu Elijah foi o quanto o processo se tornou repetível. Seu sistema era simples: criar conteúdo em lote, programar publicações e direcionar para um funil. Uma única tarde de sábado escrevendo e editando lhe dava conteúdo monetizado para um mês inteiro. Ele não sentia mais que estava correndo atrás de seguidores. Em vez disso, estava construindo ativos — vídeos curtos que permaneciam online para sempre, cada um funcionando como um pequeno vendedor trabalhando 24 horas por dia.

Ele não precisava se tornar viral. Precisava apenas de consistência. Dez visualizações viravam cem. Uma venda se tornava várias. Com o tempo, ele ultrapassou mil inscritos no YouTube e se qualificou para monetização. Sua lista de e-mails passou de 1.500 pessoas. E seu funil de vídeos — criado com ferramentas de inteligência artificial e uma estratégia simples de conteúdo — começou a gerar mais renda do que qualquer projeto anterior que ele havia tentado.

Capítulo 7: Escalando Seu Negócio de Vídeos — Produção em Lote, Agendamento e Automação do Crescimento com IA

Criar alguns vídeos é uma coisa, mas construir uma fonte de renda sustentável com vídeos exige sistemas. Se você passar horas todos os dias criando conteúdo, acabará se esgotando. É por isso que os criadores mais bem-sucedidos que utilizam inteligência artificial não apenas fazem vídeos — eles produzem conteúdo em lote, programam publicações e automatizam toda a operação de conteúdo usando ferramentas inteligentes. Neste capítulo, você aprenderá como transformar seu processo de criação de vídeos em um sistema eficiente que trabalha para você, e não o contrário.

O primeiro pilar para escalar é a produção em lote. Em vez de criar vídeos um por um, você separa algumas horas por semana para produzir conteúdo em grande quantidade. Isso permite entrar em um estado de fluxo criativo, reduz a troca constante de tarefas e economiza tempo. Por exemplo, você pode criar 10 roteiros na segunda-feira usando o ChatGPT, gerar 10 narrações com o ElevenLabs na terça-feira, produzir 10 vídeos com Pictory ou InVideo na quarta-feira e finalizar e programar as publicações com CapCut ou VEED na quinta-feira. Em apenas uma semana, você pode ter conteúdo diário para um mês inteiro — sem precisar correr para produzir algo de última hora.

O próximo passo é o agendamento. Depois que seus vídeos estiverem prontos e com legendas, você precisa publicá-los de forma consistente. Publicar manualmente todos os dias consome tempo, então o ideal é usar ferramentas de agendamento. Para Instagram e Facebook Reels, você pode usar o Meta Business Suite. Para YouTube Shorts, utilize o agendador nativo do YouTube Studio. O TikTok também oferece agendamento para contas comerciais através do carregamento no desktop ou com ferramentas como Metricool e Buffer. Essas plataformas permitem definir datas de publicação, adicionar legendas, incluir hashtags e até acompanhar o desempenho dos vídeos em um único painel.

A automação é o próximo nível. Com ferramentas como Make.com ou Zapier, você pode conectar suas pastas de vídeos, ferramentas de transcrição e plataformas sociais para construir um fluxo totalmente automatizado. Por exemplo, você pode configurar uma automação em que o envio de um vídeo para o Google Drive aciona um processo que envia automaticamente o arquivo para o agendador, adiciona hashtags armazenadas em uma planilha e atualiza seu calendário de conteúdo no Notion. Você também pode usar ferramentas de IA para gerar automaticamente legendas ou sugestões de chamadas para ação, reduzindo a fadiga de decisões e acelerando a publicação.

O reaproveitamento de conteúdo também é uma estratégia fundamental para escalar. Cada vídeo que você cria deve ser utilizado de pelo menos três maneiras diferentes. Um YouTube Short pode se tornar um TikTok, um Instagram Reel e um Idea Pin no Pinterest. O áudio pode virar um episódio de podcast. O roteiro pode virar uma imagem com citação ou um post em carrossel. Ferramentas como Repurpose.io, Canva e ContentFries permitem transformar um único conteúdo em cinco ou mais formatos diferentes com pouco esforço. Com esse sistema, você deixa de ser apenas um criador de conteúdo e passa a administrar uma verdadeira máquina de conteúdo.

Por fim, crie um painel de controle para gerenciar sua operação de conteúdo. Seja usando Notion, Trello ou Airtable, acompanhe suas ideias de conteúdo, o status de produção, o calendário de publicação e as métricas de desempenho. Classifique seus vídeos por tema, identifique quais geram mais conversões e use esses dados para melhorar sua estratégia. Isso permite tomar decisões mais inteligentes sobre quais conteúdos devem ser ampliados e quais realmente estão gerando renda.

O objetivo não é criar mais conteúdo — é criar conteúdo de forma inteligente. Produção em lote, agendamento e automação permitem publicar diariamente enquanto você trabalha apenas algumas horas por semana. Isso libera tempo para testar novas ofertas, lançar produtos ou até iniciar novos canais. Com o sistema certo, seu negócio de vídeos pode se tornar um motor automático de crescimento — funcionando mesmo quando você não está trabalhando.

A história do sistema automático de Jasmine mostra como isso funciona na prática.

Jasmine vinha criando vídeos curtos há três meses seguidos. No início, ela adorava o processo — pensar em ideias, transformá-las em roteiros e ver tudo ganhar vida com ferramentas de inteligência artificial. Mas, com o tempo, tudo começou a parecer cansativo. Ela publicava todos os dias, editava tarde da noite e estava sempre tentando recuperar o atraso. Os resultados estavam melhorando, mas sua energia estava diminuindo rapidamente. Algo precisava mudar.

Uma manhã, enquanto ouvia um podcast sobre produtividade, ouviu uma frase que marcou sua mente: "Você não precisa trabalhar mais — precisa criar sistemas." Aquilo mudou sua perspectiva. Jasmine decidiu parar de tratar seus vídeos como uma tarefa diária e começar a tratá-los como um negócio. Ela sentou e criou um novo plano semanal. Segundas-feiras seriam para escrever roteiros. Terças seriam para narrações. Quartas para produção de vídeos. Quintas para edições finais. Sextas seriam para descanso ou ajustes. Tudo seria programado, produzido em lote e automatizado.

Ela começou usando o ChatGPT para escrever 10 roteiros de uma só vez. Depois usava o ElevenLabs para transformar esses roteiros em narrações profissionais em poucos minutos. Nas quartas-feiras, enviava os áudios para o Pictory, deixava a plataforma gerar os vídeos automaticamente e exportava tudo para uma pasta no Google Drive. No CapCut, adicionava legendas e ajustes finais. Na quinta-feira, o conteúdo já estava pronto. Ela programava as publicações usando o Meta Business Suite para Instagram e Facebook e o YouTube Studio para Shorts. Os TikToks eram programados usando uma ferramenta de agendamento no computador. Agora, toda semana, entre 10 e 15 vídeos eram publicados automaticamente — enquanto ela focava em melhorar sua estratégia.

Os resultados cresceram rapidamente. Sem a pressão diária de criar conteúdo, seus vídeos ficaram mais focados e envolventes. Ela teve tempo para testar diferentes ganchos, analisar o que funcionava e ajustar sua abordagem. Criou um painel no Notion para acompanhar todo seu fluxo de conteúdo

— desde a ideia até a publicação. Cada vídeo era classificado por nicho, plataforma e chamada para ação. Ela percebeu que vídeos com títulos em formato de lista e links de afiliados convertiam melhor. Apenas essa descoberta ajudou a dobrar suas comissões mensais.

Conforme seu conteúdo crescia, sua confiança também aumentava. Jasmine criou um segundo canal sem rosto em outro nicho. Reutilizou seu sistema de produção em lote, duplicou suas automações no Make.com e terceirizou legendas usando ferramentas de IA. O que antes parecia um trabalho cansativo agora funcionava como uma máquina bem organizada. Sua audiência cresceu para dezenas de milhares de pessoas. As vendas de seus produtos digitais aumentaram. E finalmente ela tinha tempo para descansar — sabendo que seu negócio de conteúdo estava crescendo com sistemas, não com estresse.

Capítulo 8: Construindo uma Marca Sem Rosto que Dura — Longevidade, Confiança e Comunidade Sem Mostrar Seu Rosto

Muitas pessoas acreditam que é necessário mostrar o rosto para construir confiança online. Mas isso já não é verdade. Graças ao crescimento das ferramentas de inteligência artificial, geração de voz, storytelling com avatares e conteúdo sem rosto, milhares de criadores estão construindo marcas poderosas e lucrativas sem nunca aparecer diante da câmera. A chave não está em mostrar o rosto, mas em mostrar consistência, valor e personalidade por meio do seu conteúdo. Neste capítulo, você aprenderá como construir uma marca sem rosto que gera confiança, atrai seguidores e cria impacto a longo prazo.

Primeiro, é importante entender que branding vai muito além de elementos visuais. Uma marca forte é construída com uma voz reconhecível, uma mensagem clara e valor entregue repetidamente. Mesmo que seu conteúdo seja narrado por inteligência artificial ou construído apenas com textos e elementos visuais, seu público começará a reconhecer seu tom, seu formato e seus temas. Esse reconhecimento cria familiaridade — e familiaridade gera confiança. Se cada vídeo que você publica segue um padrão reconhecível, resolve um problema específico e entrega uma promessa clara, as pessoas voltarão para assistir mais, mesmo sem nunca ver seu rosto.

Para alcançar isso, escolha um nicho consistente e mantenha uma mensagem central. Se seu conteúdo ajuda pessoas a economizar dinheiro, faça com que cada vídeo se conecte com essa promessa. Se seu foco for produtividade ou motivação, construa um gancho reconhecível. Por exemplo, seus vídeos podem sempre começar com uma pergunta como "Você tem dificuldade com...?" ou uma frase como "Aqui está algo que eu gostaria de ter aprendido aos 22 anos." Consistência nos ganchos, na estrutura, no tom da narração e no design (fontes, legendas, emojis ou música de fundo) fortalece a identidade da sua marca. As pessoas passam a reconhecer seu conteúdo no feed — e isso é extremamente poderoso, mesmo sem um rosto associado.

Outra estratégia eficaz é utilizar um mascote, logotipo ou tema visual para representar sua marca. Pode ser um avatar em estilo desenho, um símbolo animado ou até um personagem de banco de imagens que aparece em todos os seus vídeos. Ferramentas como D-ID, Synthesia e Animaker permitem criar avatares que falam e que podem construir uma identidade visual ao longo do tempo. Você também pode fortalecer sua autoridade com repetição — mencionando seu site, e-book, produto ou slogan em todos os conteúdos. Com o tempo, seu público começará a associar sua marca com utilidade, confiança ou até entretenimento.

A confiança também cresce com transparência e prova social. Mesmo sendo uma marca sem rosto, você pode compartilhar conquistas, histórias e aprendizados em suas legendas, narrações ou posts fixados. Compartilhe capturas de tela de resultados, progresso ou feedback da sua audiência. Interaja nos comentários. Responda perguntas. Apareça com consistência e entregue valor ao longo do tempo — é assim que a confiança é construída. E lembre-se: muitas grandes empresas, de bancos a empresas de software, operam sem um rosto específico por trás da marca. O que importa não é o rosto — é a sensação que as pessoas associam à sua marca.

Por fim, pense no longo prazo. Construir uma marca sem rosto é também uma estratégia de escalabilidade e legado. Se um dia você quiser vender seu canal, licenciar seu conteúdo ou expandir para um negócio de mídia, uma marca sem rosto geralmente é mais fácil de estruturar e transferir. Você não é o produto — o conteúdo é. Ao criar um sistema baseado no seu tom, nas ferramentas que utiliza e na mensagem que transmite, você está construindo um ativo digital que pode crescer independentemente de você. Nesse sentido, conteúdo sem rosto não é apenas uma alternativa — é uma estratégia poderosa para longevidade, automação e liberdade.

Agora vamos conhecer a história de Andre e sua checklist de hábitos financeiros.

Andre sempre quis construir algo online — uma marca que pudesse crescer enquanto ele trabalhava em seu emprego tradicional e que talvez um dia substituísse sua renda. Mas toda vez que olhava para o YouTube ou TikTok, parecia que todos estavam dançando, gravando vlogs ou fazendo vídeos de comédia diante da câmera. Aquilo não combinava com ele. Andre era reservado, falava pouco e não gostava de ser o centro das atenções. Por muito tempo, ele acreditou que isso significava que não poderia criar conteúdo. Até que um dia descobriu um canal motivacional sem rosto que mudou sua perspectiva.

Os vídeos eram simples. Frases fortes apareciam na tela. Uma voz calma e robótica transmitia pequenas mensagens motivacionais. Imagens de cidades, pessoas correndo e ondas do mar apareciam ao fundo. Nenhum rosto. Nenhum nome. Apenas valor. O canal tinha mais de 300 mil seguidores. Foi então que Andre percebeu algo importante: era possível construir uma marca que fizesse as pessoas sentirem algo — sem nunca ser visto.

Ele começou a agir. Escolheu o tema de motivação financeira e passou a escrever roteiros de 60 segundos com o ChatGPT. Cada vídeo focava em uma ideia: como quebrar o ciclo de viver de salário em salário. Ele transformava os roteiros em narração com ElevenLabs, criava os vídeos com Pictory e utilizava sempre a mesma música e as mesmas fontes. Deu à sua marca o nome "Wealth Mode" e garantiu que cada vídeo incluísse o slogan: "É hora de transformar esforço em crescimento." Ele publicou de forma consistente durante quatro semanas.

Aos poucos, as visualizações começaram a aparecer. Depois vieram os comentários. Em seguida, os compartilhamentos. Pessoas começaram a marcar amigos, comentar "Isso me atingiu em cheio" e salvar seus vídeos. Mesmo sem mostrar o rosto ou usar seu nome verdadeiro, a marca de Andre começou a ser reconhecida. Ele adicionou um pequeno logotipo como marca d'água em cada vídeo e criou um Linktree com downloads gratuitos e ofertas de afiliados. Um de seus materiais gratuitos — uma "Checklist de Hábitos Financeiros" — teve mais de 600 downloads no primeiro mês.

Conforme o canal crescia, Andre começou a sistematizar tudo. Criou um calendário de conteúdo no Notion. Automatizou a geração de legendas. Chegou até a terceirizar algumas narrações usando créditos do ElevenLabs e treinou suas ferramentas para manter o mesmo tom de voz. Quanto mais conteúdo publicava, mais pessoas começavam a procurar por "Wealth Mode" — não por ele, mas pela marca. A marca passou a ter vida própria.

Um dia, ele recebeu uma mensagem direta de um espectador: "Seus vídeos me ajudaram a manter meu orçamento pela primeira vez em anos. Obrigado." Andre sorriu. Ele nunca havia falado diretamente para uma câmera. Nunca mostrou o rosto. Mesmo assim, havia construído algo real — uma marca que fazia diferença. Uma marca que gerava confiança, mudava vidas e agora também gerava renda. Tudo isso sem precisar estar sob os holofotes.

Capítulo 9: O Funil de Vídeo Passivo — Configure Uma Vez, Ganhe Para Sempre

A verdadeira magia da criação de vídeos com inteligência artificial não está apenas em produzir conteúdo — está em construir sistemas que geram renda de forma passiva. É aqui que tudo se conecta: conteúdo sem rosto, automação, marketing de afiliados, produtos digitais e geração de leads — todos trabalhando juntos para criar uma máquina de renda passiva. Neste capítulo, você aprenderá como projetar e lançar um funil de vídeos passivo que continua gerando tráfego, leads e vendas muito tempo depois de o conteúdo ter sido criado.

A ideia central é simples: você cria vídeos que atraem atenção e conecta esses vídeos a uma oferta monetizada — como um link de afiliado, um produto digital ou um material gratuito. Os espectadores assistem ao vídeo, seguem sua chamada para ação e acabam fazendo uma compra ou entrando no seu funil. Esse funil então continua o relacionamento com e-mails automáticos, recomendações ou ofertas adicionais — tudo configurado uma única vez e executado automaticamente. Cada novo vídeo que você cria se torna uma nova fonte de tráfego que alimenta esse sistema. Não se trata de viralizar, mas de criar "ganchos digitais" que se acumulam ao longo do tempo.

Vamos entender a estrutura básica de um funil de vídeo passivo. Primeiro, escolha um nicho com público que possa ser monetizado — como ferramentas de IA, fitness, finanças pessoais, produtividade ou educação. Depois, crie um material gratuito simples para oferecer — como um checklist, e-book ou template. Use ferramentas de IA como ChatGPT ou Canva para criar esse material em menos de uma hora. Em seguida, configure uma página de captura usando plataformas como Systeme.io, ConvertKit ou MailerLite. É nessa página que você coletará endereços de e-mail em troca do material gratuito. Depois disso, crie uma pequena sequência de e-mails que se apresenta ao público, entrega valor e promove um produto afiliado ou uma oferta digital.

Agora é hora de criar uma série de vídeos curtos voltados para o mesmo público e que promovam o material gratuito. Cada vídeo deve ter uma chamada para ação como "Baixe meu checklist gratuito de ferramentas de IA — link na bio." Esses vídeos são responsáveis por direcionar tráfego para seu funil. A grande vantagem é que os vídeos permanecem nas plataformas — como TikTok, YouTube Shorts e Instagram Reels — por tempo indefinido. Alguns podem receber apenas algumas centenas de visualizações, enquanto outros podem alcançar milhares ou mais. Com o tempo, o efeito acumulado gera uma lista de e-mails crescente e vendas diárias — sem que você precise aparecer todos os dias.

Para manter o sistema realmente passivo, programe seu conteúdo com antecedência e automatize o acompanhamento. Ferramentas como MailerLite ou Systeme.io permitem criar sequências automáticas que entregam o material gratuito, constroem confiança e recomendam ofertas — tudo de forma automática. Conforme seu funil começa a gerar resultados, você pode testar diferentes ganchos, produtos ou chamadas para ação para aumentar as conversões. E se quiser escalar ainda mais, pode reinvestir os lucros em anúncios, parcerias ou terceirização da produção de conteúdo.

O segredo é consistência e paciência. Muitos criadores desistem cedo demais esperando resultados imediatos. Mas com um funil de vídeos, você não está apenas buscando curtidas — está construindo um ecossistema. Seu conteúdo trabalha 24 horas por dia. Seu funil coleta leads. Seus e-mails nutrem o relacionamento e geram vendas. Pode levar algumas semanas ou meses, mas quando o sistema começa a funcionar, ele realmente se torna passivo. É nesse momento que seu negócio digital começa a parecer liberdade — e não apenas mais um trabalho.

A história de Luis mostra exatamente como isso pode acontecer.

Luis sempre gostou da ideia de renda passiva, mas todas as tentativas que fez pareciam tudo menos passivas. Ele tentou dropshipping — e teve que lidar com inúmeras reclamações de clientes. Tentou freelancing — mas isso não lhe dava liberdade de tempo. Também tentou criar um blog, mas tinha dificuldade em manter consistência. Então, certa noite, enquanto navegava no YouTube, encontrou um vídeo com o título: "Como eu ganho $2.500 por mês com vídeos de IA sem mostrar meu rosto." Aquele vídeo mudou tudo.

O criador explicava um sistema simples: vídeos curtos que levavam para um checklist gratuito, que levava para um funil de e-mails, que levava para comissões de afiliados. Tudo era configurado uma vez e continuava funcionando automaticamente. Luis ficou fascinado. Ele pausou o vídeo e começou a construir seu próprio sistema naquela mesma noite. Escolheu um nicho que conhecia bem — produtividade. Abriu o ChatGPT e pediu para criar um "Checklist com 7 ferramentas de IA para economizar tempo". Em poucos minutos, tinha um PDF pronto. Depois usou o Systeme.io para criar uma página simples oferecendo o checklist em troca do e-mail.

Em seguida, criou uma sequência de quatro e-mails com o ChatGPT. O primeiro entregava o checklist. O segundo compartilhava três dicas extras. O terceiro apresentava seu aplicativo favorito para economizar tempo, com um link de afiliado. O quarto promovia um planner de produtividade de $17 que ele criou no Canva. Depois veio a parte do conteúdo. Luis usou ChatGPT e ElevenLabs para escrever e narrar 10 vídeos sem rosto sobre estratégias para economizar tempo. Utilizou o InVideo para transformar o áudio em vídeos e o CapCut para fazer os ajustes finais. Cada vídeo terminava com a chamada para ação: "Baixe o checklist gratuito de ferramentas de IA — link na bio."

Ele publicou os vídeos no TikTok, Instagram Reels e YouTube Shorts. Na primeira semana, nada aconteceu. Então um dos vídeos — "3 Ferramentas de IA que Me Economizaram 20 Horas no Mês Passado" — começou a viralizar. O vídeo alcançou 32 mil visualizações. Sua lista de e-mails cresceu com mais de 700 novos inscritos em apenas três dias. No final da semana, ele havia feito quatro vendas de afiliados e três vendas de seu produto. De repente, seu funil de vídeos passivo era real — e estava funcionando.

Com o tempo, Luis continuou expandindo sua biblioteca de vídeos. Cada novo vídeo trazia mais espectadores, mais leads e mais vendas. Ele já não precisava postar todos os dias. Seu funil estava ativo. Não importava se ele estava trabalhando, dormindo ou viajando — seus vídeos com inteligência artificial continuavam atraindo e convertendo pessoas para ele. Aquele único sistema — construído em um único fim de semana — tornou-se a base de todo o seu negócio digital. E agora, cada vez que ele cria um novo vídeo, sorri, sabendo que é apenas mais um "gancho" lançado na água, gerando renda passiva por semanas ou meses.

Capítulo 10: Considerações Finais e Seus Próximos Passos — Do Primeiro Vídeo à Renda em Tempo Integral com Vídeos de IA

Você agora viu como construir um negócio de vídeos com IA do zero — mesmo sem aparecer na câmera, sem gravar sua própria voz e sem editar manualmente um único frame. O que antes só era possível para influenciadores ou profissionais de vídeo agora está disponível para qualquer pessoa com uma conexão à internet, uma ideia básica e as ferramentas de IA certas. Mas conhecimento sem ação não significa nada. Este capítulo final vai lhe dar um caminho claro a seguir — um checklist de próximos passos para ir da ideia à renda, um vídeo curto de cada vez.

Seu primeiro objetivo é simples: criar e publicar seu primeiro vídeo. Não pense demais nisso. Escolha um tema que lhe interesse — produtividade, fitness, dinheiro, relacionamentos ou motivação — e peça ao ChatGPT para escrever um roteiro de 30 segundos no seu estilo. Depois use uma ferramenta como ElevenLabs ou PlayHT para gerar a voz, e Pictory ou InVideo para transformar o roteiro em vídeo. Use CapCut ou VEED para adicionar legendas. Exporte e publique no YouTube Shorts, TikTok e Instagram Reels. Não precisa ser perfeito — só precisa ser feito. Esse único post inicia sua jornada.

Em seguida, construa consistência. Defina um cronograma — talvez 3 vídeos por semana para começar. Trabalhe em lote para não se sobrecarregar. Escreva os roteiros na segunda-feira, gere as narrações na terça, crie e programe os vídeos na quarta. Acompanhe o que funciona melhor. Quais títulos recebem mais cliques? Quais CTAs geram respostas? Deixe os dados guiarem sua criatividade. O objetivo não é viralizar — é aprender, melhorar e construir um motor de conteúdo que funcione melhor a cada semana.

Depois, adicione monetização. Escolha um produto ou programa de afiliados para promover. Crie um lead magnet — um checklist gratuito, mini-guia ou ferramenta digital — e coloque o link na sua bio. Configure uma página de captura simples e uma sequência de e-mails usando MailerLite ou Systeme.io. Cada vídeo que você publica se torna uma fonte de tráfego para esse funil. A cada novo post, seu sistema fica mais forte. Sua lista cresce. Suas vendas aumentam. E sua confiança cresce junto com os resultados.

Quando os resultados começarem a aparecer, escale de forma inteligente. Reaproveite conteúdos longos. Transforme um vídeo de 10 minutos ou um podcast em 10 Shorts usando Opus

Clip ou Wisecut. Crie um painel de conteúdo no Notion ou Trello para acompanhar seus temas, uploads e desempenho. Use Make.com para automatizar o envio de arquivos, o agendamento de posts e o acompanhamento do funil. Se necessário, terceirize pequenas tarefas. Cada camada que você adiciona aproxima você de um negócio que funciona mesmo quando você não está trabalhando.

E lembre-se: ninguém acerta tudo desde o primeiro dia. Os criadores de IA mais bem-sucedidos não começaram com sistemas sofisticados ou fluxos de trabalho perfeitos. Eles começaram com um vídeo imperfeito e o compromisso de continuar. Neste novo mundo, onde a IA removeu tantas barreiras, seu único trabalho é agir. Você não precisa de permissão. Você não precisa de uma equipe. Você só precisa começar.

Sua voz importa — mesmo que seja gerada por IA. Suas ideias têm valor — mesmo que sejam escritas por um chatbot. E seu público está esperando — mesmo que você ainda não o conheça. Cada vídeo que você cria tem o potencial de gerar renda, fortalecer sua marca e mudar a vida de alguém. Então dê o primeiro passo. Crie o primeiro vídeo. E deixe que este seja o começo de algo grande.

Agora vamos olhar a história de Marcus.

Marcus nunca imaginou que se tornaria um criador digital. Ele não era cineasta. Não tinha estúdio. Nem gostava de aparecer na câmera. Trabalhava em um emprego comum, voltava para casa cansado e rolava as redes sociais para relaxar. Mas algo em ver pessoas comuns transformando vídeos de 30 segundos em fontes de renda chamou sua atenção. "Se eles conseguem", pensou, "por que eu não conseguiria?"

Seu primeiro vídeo foi simples. As legendas estavam desalinhadas. O tempo estava estranho. Mas ele fez — um vídeo curto sem rosto explicando como usar o ChatGPT para produtividade. Ele publicou no YouTube Shorts e esqueceu. Na manhã seguinte, tinha 213 visualizações. Não era viral, mas foi suficiente para acelerar seu coração. Ele fez outro. Depois mais um. No final do mês, tinha 12 vídeos publicados e 59 inscritos na sua lista de e-mail — todos vindos de um checklist gratuito que ele oferecia no link da bio.

Dois meses depois, um de seus vídeos passou de 80.000 visualizações. Sua lista de e-mail cresceu para 1.300 pessoas. Ele ganhou seus primeiros 400 dólares em comissões de afiliados e vendeu 18 cópias de um kit de ferramentas de IA de 17 dólares que criou no Canva. Aquele único vídeo — com apenas 48 segundos — estava gerando dinheiro todos os dias. Ele criou um pequeno funil. Depois automatizou seu processo. No quinto mês, Marcus estava publicando três vídeos por semana, muitos deles produzidos em lote em apenas um dia, e ganhando mais com seu projeto paralelo do que jamais imaginou ser possível.

Ele nunca mostrou o rosto. Nunca gravou a própria voz. Mas criou conteúdo que resolvia problemas, gerava confiança e produzia renda. Ele manteve tudo simples. Uma ideia. Uma ferramenta. Um vídeo de cada vez. O que começou como curiosidade virou uma marca. O que começou como um projeto paralelo virou um sistema. E o que começou como um experimento tornou-se o início de algo transformador.

Para Marcus, o verdadeiro ponto de virada não foram as visualizações nem o dinheiro. Foi perceber que podia criar e ganhar dinheiro nos seus próprios termos — de forma tranquila, criativa e com total controle sobre seu tempo. Ele havia construído algo real — um negócio de vídeos passivos impulsionado por IA. E tudo começou com um único vídeo, um único upload e uma única decisão: começar.

Capítulo 11: Indo Além dos Shorts – Expandindo para Conteúdo Longo, Cursos e Produtos Digitais Escaláveis

Depois que seu sistema de vídeos curtos estiver funcionando, e você começar a ver crescimento, engajamento e alguma renda, você já não é mais apenas um iniciante – você está operando como um verdadeiro negócio de conteúdo digital. Nesse estágio, o movimento mais inteligente é a expansão. Vídeos curtos são extremamente poderosos, mas funcionam ainda melhor quando conectados a conteúdos mais longos, ofertas mais profundas e produtos digitais escaláveis. Neste capítulo, vamos explorar como expandir dos vídeos curtos para conteúdos longos, cursos online e outros ativos digitais que aumentam sua autoridade e multiplicam sua renda.

A primeira evolução natural é o conteúdo em formato longo. Se você tem publicado Shorts ou Reels de forma consistente, provavelmente já sabe quais temas mais ressoam com sua audiência. Observe suas análises: quais vídeos recebem mais visualizações, comentários ou salvamentos? Quais geram mais cliques ou conversões? Use esses conteúdos como base para vídeos mais longos. O conteúdo longo permite que você ensine mais profundamente, demonstre processos ou conte histórias mais completas. Você pode usar o YouTube, podcasts ou até webinars gravados para explorar melhor os problemas que sua audiência deseja resolver. E a melhor parte? Você ainda não precisa aparecer na câmera. É possível continuar sem rosto usando gravações de tela, apresentações animadas ou ferramentas de avatar como Synthesia para criar vídeos completos.

A partir disso, você pode transformar esse conteúdo longo em um curso ou produto digital. Por exemplo, se você cria conteúdo sobre ferramentas de produtividade com IA, pode desenvolver um curso de 60 minutos chamado "Multiplique Seu Tempo com IA" e vendê-lo por $27 ou mais. Se seu conteúdo é sobre educação financeira, pode criar um planejador de orçamento para download ou um checklist de reparo de crédito. A forma mais fácil de começar é reaproveitar seus vídeos curtos de melhor desempenho e organizá-los em um formato mais estruturado, passo a passo. Use o ChatGPT para criar o roteiro das aulas, escrever os scripts dos vídeos e até redigir a página de vendas. Depois utilize ferramentas como Systeme.io, Gumroad ou Teachable para empacotar e vender seu produto.

Seus vídeos curtos agora funcionam como ímãs de tráfego, enquanto seu conteúdo longo constrói confiança e seus produtos digitais fecham as vendas. É assim que pequenos criadores começam a ganhar centenas, depois milhares de dólares por mês, sem precisar viralizar. Não se trata de um único vídeo fazer todo o trabalho — trata-se de construir uma jornada completa para o espectador: um vídeo gratuito que leva a um material gratuito, que leva a um produto, que leva a um fã ou cliente fiel. Cada peça de conteúdo se torna uma ferramenta dentro do seu motor de renda. Com automação e suporte de IA, toda essa jornada pode ser criada em dias em vez de meses.

O caminho mais escalável é pensar em ofertas, não apenas em conteúdo. Qual é a transformação que seu espectador deseja — e como você pode fornecê-la de forma mais completa, clara e rápida do que qualquer outra pessoa? É isso que as pessoas pagam para ter. Pode ser um curso, um pacote de templates, um kit de ferramentas ou até uma sessão privada de mentoria. O formato importa menos do que o resultado. Quanto mais estruturadas e valiosas forem suas ofertas digitais, mais facilmente elas venderão — especialmente quando seus vídeos curtos já tiverem preparado a audiência.

E não se esqueça da renda recorrente. Depois que seus produtos forem validados, considere transformá-los em uma assinatura ou comunidade paga. Você pode oferecer novos templates todos os meses, publicar conteúdo exclusivo semanalmente ou dar acesso a treinamentos ao vivo. Plataformas como Patreon, Skool e Kajabi facilitam esse processo. Com a ajuda da IA, você pode até automatizar a entrega mensal de conteúdo — permitindo que seu negócio cresça sem aumentar sua carga de trabalho. É assim que criadores de meio período se tornam empreendedores em tempo integral — empilhando produtos digitais, ofertas e fontes de renda recorrente sobre um sistema de vídeos curtos que já funciona.

A jornada não termina com os Shorts. Eles são apenas a porta de entrada. No momento em que você combina seu conteúdo em vídeo com uma oferta estruturada, educação em formato longo e um sistema escalável de entrega — você deixa de ser apenas um criador de conteúdo e se torna um empreendedor digital. A partir desse ponto, sua renda não depende apenas da quantidade de vídeos que você publica, mas do ecossistema de valor que você construiu ao redor deles.

A história de Nina mostra exatamente como isso pode acontecer.

Nina vinha criando vídeos curtos havia cerca de seis meses. O que começou como um projeto por curiosidade se transformou em algo real — tráfego real, seguidores reais e renda real. Seus vídeos sem rosto sobre ferramentas de IA, hacks de produtividade e dicas para empreendedores solo agora geravam comissões de afiliados todos os dias. Sua audiência já tinha crescido para milhares de pessoas e sua lista de e-mails também estava aumentando. Mas, apesar do progresso, ela sentia que estava chegando a um limite. Seus seguidores adoravam o conteúdo, mas muitos perguntavam: "Você tem um curso?" ou "Onde posso aprender mais?" Essa pergunta plantou a semente.

Ela nunca tinha se visto como uma criadora de cursos. "Isso é para especialistas", costumava dizer. Mas ao olhar para trás e analisar as dezenas de vídeos que já havia criado, Nina percebeu que já estava ensinando — apenas em pequenos pedaços. Então, em um fim de semana, ela abriu o ChatGPT e pediu: "Ajude-me a transformar meus 10 melhores TikToks em um roteiro de curso." Em poucos minutos, ela tinha um currículo estruturado. Dividiu o conteúdo em cinco aulas, cada uma focada em resolver um problema específico. Usou os roteiros de seus vídeos antigos para montar o conteúdo, acrescentou alguns exemplos extras e gravou as aulas com slides e narração gerada por IA.

Em poucos dias, seu primeiro curso estava pronto. Ela o chamou de "Crie Mais, Trabalhe Menos: O Kit de Produtividade com IA" e hospedou na plataforma Systeme.io. Definiu o preço em $29 e incluiu um pacote de templates como bônus — também criado com ChatGPT e Canva. Depois atualizou os CTAs de seus vídeos para dizer: "Quer o guia completo? Pegue o curso — link na bio." Na manhã seguinte, fez sua primeira venda. Depois outra. E mais três até o final da semana. A sensação de acordar e ver vendas de algo que ela criou uma única vez? Incomparável.

Mas Nina não parou por aí. Ela começou a criar tutoriais mais longos no YouTube, reaproveitando perguntas frequentes de sua audiência. Esses vídeos tinham entre 10 e 15 minutos, totalmente sem rosto, mas cheios de valor. Começaram a aparecer nas buscas. Em cada vídeo, ela adicionava um link para seu material gratuito, que levava ao mesmo funil de e-mails que promovia seu curso. Seus vídeos curtos traziam tráfego diariamente. Seus vídeos longos construíam autoridade. Seu funil de e-mails convertia leads. Tudo funcionava em conjunto.

À medida que crescia, Nina lançou uma assinatura mensal de $9 por mês, na qual os membros recebiam fluxos de trabalho exclusivos, prompts de IA e templates de vídeo. Ela usou IA para automatizar a entrega do conteúdo, programou tudo com um mês de antecedência e criou vídeos bônus usando as mesmas ferramentas que já utilizava. Essa renda recorrente — pequena no início — começou a se acumular. Combinada com comissões de afiliados e vendas do curso, ela agora ganhava mais do que ganhava em seu antigo trabalho de meio período, tudo a partir de sua marca sem rosto.

E a melhor parte? Ela já não precisava criar tudo do zero todos os dias. Agora tinha sistemas. Um único vídeo podia se transformar em um Reel, um YouTube Short, um vídeo longo explicativo, um post de blog e um e-mail. Seu produto digital — criado uma vez — continuava vendendo todos os dias. Finalmente, ela entendeu o que as pessoas queriam dizer quando falavam em escalar um negócio de conteúdo.

Nina foi além dos Shorts. Ela construiu uma marca. Um funil. Um portfólio de produtos. E um sistema de renda previsível e escalável — tudo alimentado por inteligência artificial, criado a partir de seu laptop e sem nunca precisar mostrar o rosto. Não foi mágica. Foi consistência, curiosidade e expansão inteligente. E agora, sua história estava apenas começando.

Capítulo 12: Acompanhando, Otimizando e Escalando com Dados — Deixando as Análises Guiar Seu Império de Vídeos com IA

Em algum momento da sua jornada com vídeos de IA, apenas a consistência não será suficiente. Você estará criando regularmente, publicando em várias plataformas e até gerando alguma renda — mas sem dados, não saberá realmente o que está funcionando. É por isso que este capítulo se concentra em como acompanhar seu desempenho, otimizar seu conteúdo e seus funis, e escalar sua marca digital de vídeos usando dados — não apenas suposições. Dados não são apenas números — eles são o seu mapa para mais visualizações, melhores conversões e crescimento mais rápido.

O primeiro passo é entender as métricas principais que realmente importam para conteúdo de formato curto. Embora cada plataforma forneça análises um pouco diferentes, as métricas principais que você deve observar são: visualizações, tempo de exibição, retenção da audiência, engajamento (curtidas, comentários, compartilhamentos, salvamentos), taxa de cliques (CTR) e conversões. No YouTube Shorts, observe atentamente os gráficos de retenção — por quanto tempo as pessoas permanecem antes de sair? No Instagram

Reels e no TikTok, concentre-se em compartilhamentos e salvamentos — eles indicam que seu conteúdo realmente impactou o público. Preste muita atenção nos primeiros 3 segundos. Se a maioria das pessoas sai rapidamente, seu gancho inicial não está forte o suficiente.

Você também deve acompanhar os cliques em links e a atividade do funil. Se estiver promovendo um lead magnet ou produto, configure links UTM ou use ferramentas como Bitly ou o rastreamento integrado do Systeme.io para monitorar quais vídeos geram mais ações. As pessoas realmente estão clicando no seu "link na bio"? Quais formatos de vídeo geram mais inscrições na sua lista de e-mail ou vendas de afiliados? Se um tipo de conteúdo supera consistentemente os outros, isso é um sinal claro para produzir mais daquele formato. Não suponha — confirme. Deixe os números guiarem seus próximos passos.

Para organizar tudo isso, crie um painel simples de análises. Você pode usar um template no Notion, Google Sheets ou até uma ferramenta paga de dashboard. No mínimo, registre a data, título ou tema do vídeo, plataforma, visualizações nas primeiras 48 horas, visualizações totais após 7 dias, o CTA utilizado e quaisquer leads ou vendas gerados. Use cores ou etiquetas para marcar os vídeos com melhor desempenho. Com o tempo, padrões começarão a aparecer — você perceberá qual horário funciona melhor, qual duração performa melhor e quais CTAs convertem mais. É nesse momento que seu canal deixa de ser "postar e torcer" e passa a ser "publicar com precisão".

Depois que você descobrir o que funciona, é hora de otimizar. Isso pode significar reescrever seus ganchos, mudar os elementos visuais, ajustar seu call-to-action ou até experimentar estilos diferentes de voz ou design de legendas. Teste apenas uma variável por vez. Por exemplo, se você usar um novo CTA em 5 vídeos e observar um aumento nas conversões, saberá que ele funciona. Você também pode fazer testes A/B com títulos ou miniaturas em conteúdos longos. Com ferramentas de IA, testar ficou mais rápido do que nunca. Você pode gerar cinco versões de um gancho com o ChatGPT ou dez variações de CTA com apenas um comando.

A otimização também se aplica ao seu funil. Se seus vídeos estão recebendo visualizações, mas sua página de captura não converte, talvez sua oferta gratuita não esteja clara ou suficientemente valiosa. Ou talvez seus e-mails não estejam alinhados com o tom do seu conteúdo. Use ferramentas como MailerLite, Systeme.io ou ConvertKit para monitorar taxas de abertura de e-mails, taxas de cliques e conversões de vendas. Se você tem muitas aberturas, mas poucos cliques, o corpo do e-mail pode precisar de mais urgência. Se você tem cliques, mas poucas compras, talvez seja necessário ajustar o posicionamento ou o preço do produto. Os números vão mostrar — se você estiver disposto a ouvir.

O próximo passo é escalar. Depois de encontrar sua fórmula vencedora — um formato de conteúdo que performa bem, um funil que converte e um produto que vende — seu trabalho se torna simples: fazer mais do que já funciona. Isso pode significar aumentar a frequência de publicação, reaproveitar conteúdos de sucesso, terceirizar a adaptação de conteúdo ou até investir em anúncios para ampliar o alcance. Você pode transformar seu vídeo de melhor desempenho em um anúncio promovido no Instagram ou um TikTok Spark Ad para atingir novas audiências. Com análises guiando suas decisões, cada dólar investido e cada minuto dedicado produzem resultados maiores.

E, por fim, acompanhar seus dados traz mais um benefício: confiança. Quando você sabe o que funciona — com base em provas — para de pensar demais. Para de perseguir tendências aleatórias ou copiar os outros. Começa a tomar decisões mais inteligentes e rápidas. Deixa de duvidar do valor do seu trabalho e passa a escalar com clareza. É nesse ponto que sua marca de vídeos com IA deixa de ser apenas uma atividade criativa e se torna um verdadeiro negócio — construído com dados, impulsionado por sistemas e projetado para crescer nos seus próprios termos.

A história de Savannah mostra exatamente como isso acontece.

Savannah vinha criando vídeos sem rosto com IA há mais de cinco meses. Seu conteúdo era consistente, bem produzido e cada vez mais popular. Alguns de seus Shorts já haviam ultrapassado 50.000 visualizações. Ela construiu uma lista de e-mails com mais de 2.000 pessoas e já tinha algumas vendas de produtos digitais acontecendo toda semana. Mesmo assim, ela sentia que seu crescimento havia estagnado. Apesar do esforço, sua renda parou de crescer. Alguns vídeos viralizavam, outros fracassavam — e ela não sabia por quê. Foi então que percebeu que estava criando conteúdo no escuro — adivinhando em vez de medir.

Ela decidiu fazer algo que nunca havia feito antes: criar um painel de dados. No início, abriu simplesmente uma planilha. Listou todos os vídeos que havia publicado naquele mês, o título, a plataforma, as visualizações após 48 horas e se haviam gerado inscrições por e-mail ou vendas. Os padrões a surpreenderam. Seu vídeo que mais converteu — responsável por 42 vendas de curso — nem era o mais visualizado. Na verdade, tinha menos de 5.000 visualizações. Mas o gancho era extremamente claro. Falava diretamente sobre um problema específico. E terminava com um CTA forte: "Baixe o checklist e receba o tutorial completo de IA."

Curiosa, Savannah analisou seus vídeos de melhor desempenho. Percebeu que todos tinham algo em comum: uma estrutura limpa. Começavam com um gancho forte, seguiam com 2 ou 3 pontos rápidos e terminavam com uma oferta clara. Já os vídeos que tiveram pior desempenho eram frequentemente em formato de lista, cheios de fatos, mas sem emoção, sem urgência e sem call-to-action. Ela também revisitou seu funil e percebeu que sua página de captura era vaga demais. Ela prometia um "guia gratuito de IA", mas não explicava claramente o que a pessoa aprenderia. Então mudou o título para: "3 Ferramentas de IA para Economizar 10 Horas Esta Semana — com Vídeo Tutorial Bônus." As inscrições aumentaram 38% em uma semana.

Savannah começou a testar novos CTAs usando ChatGPT. Pegava seus roteiros antigos e pedia à IA para gerar 10 variações de frases de encerramento mais fortes. Substituiu as antigas e começou a acompanhar os resultados. Quando publicou cinco vídeos com o CTA "Clique no link da bio para ver o fluxo completo de IA", suas conversões dobraram. Também percebeu que vídeos publicados entre 11h e 13h tinham desempenho 40% melhor do que aqueles publicados à noite. Ajustou seu horário de postagem. Descobriu ainda que adicionar uma borda luminosa nas legendas aumentava a retenção em 12%. Eram pequenos detalhes, mas que juntos faziam grande diferença.

Toda semana, Savannah revisava sua planilha. Destacava os melhores vídeos com cores, anotava ganchos que funcionavam bem e criou uma coluna chamada “pontuação de conversão”. Com o tempo, construiu uma biblioteca de ideias vencedoras — conteúdos que poderia reciclar, remixar ou reaproveitar em diferentes plataformas. Sua renda começou a crescer novamente, mas desta vez com muito mais previsibilidade. Ela já não estava adivinhando. Estava tomando decisões estratégicas — guiadas por dados, não por impulso.

Um dia, ao olhar suas análises, viu um marco: $5.014 ganhos em 30 dias com tráfego de vídeos, vendas por e-mail e funis automatizados. Ela não havia trabalhado mais — apenas trabalhado com mais inteligência. Ao acompanhar cada etapa, parou de fazer o que não funcionava e duplicou o que funcionava. A marca de vídeos sem rosto de Savannah agora operava como um verdadeiro negócio. E o painel de dados que ela inicialmente resistiu em criar se tornou sua ferramenta mais valiosa.

Epilogo: Uma Nova Era de Criadores – E Você É Um Deles

Estamos vivendo uma das maiores transformações da história digital. Durante décadas, a capacidade de ganhar dinheiro criando conteúdo pertencia a poucos – celebridades, grandes influenciadores com alto orçamento ou profissionais altamente técnicos. Se você não tivesse uma câmera sofisticada, conhecimento de edição de vídeo ou confiança para mostrar o rosto, muitas vezes ficava de fora desse mundo. Mas não mais. Graças à inteligência artificial, os antigos "porteiros" desapareceram. O campo de jogo foi nivelado. E agora, pela primeira vez, qualquer pessoa – inclusive você – pode construir um negócio baseado em vídeos a partir de casa, de forma anônima e com custos quase zero.

Este livro não foi apenas sobre ferramentas e técnicas. Ele foi sobre desbloquear uma nova mentalidade. A revolução da IA não é apenas tecnológica – ela também é pessoal. Ela permite que o criador silencioso seja ouvido, que o pai ou mãe com pouco tempo consiga gerar renda, que o estudante escale oportunidades, que o empreendedor automatize processos e que o sonhador finalmente coloque suas ideias em prática. Você não precisa mais de permissão, experiência ou de uma "marca pessoal" para começar. Nem mesmo precisa ser o rosto ou a voz do seu conteúdo. Tudo o que você precisa é de uma mensagem que valha a pena compartilhar, o compromisso de aparecer com consistência e a disposição para aprender ao longo do caminho.

O que você aprendeu aqui é um verdadeiro blueprint — um modelo que pessoas reais estão usando agora mesmo para construir rendas reais com vídeos criados em minutos. Você viu como gerar conteúdo sem mostrar o rosto usando IA. Aprendeu a criar funis passivos que transformam visualizações em dinheiro. Explorou como desenvolver ofertas em formato longo, cursos e produtos digitais. E, mais importante ainda, agora sabe como transformar alguns minutos de criatividade focada em ativos digitais que podem pagar você repetidamente — até enquanto dorme. Isso é mais do que um projeto paralelo — isso é alavancagem digital.

Mas não pare por aqui. Ao seguir em frente, entenda que seu sucesso não virá de fazer mais coisas, e sim de fazer as coisas certas de forma consistente. Isso significa escolher um tema principal e criar vídeos toda semana. Significa montar uma lista de e-mails simples e oferecer algo valioso em troca da confiança das pessoas. Significa produzir conteúdo que ajude, ensine, entretenha ou inspire — e então permitir que esse conteúdo trabalhe por você em várias plataformas e fusos horários. Você não precisa ser o melhor — apenas útil. Não precisa ser famoso — apenas fácil de encontrar. Essa é a beleza desta nova economia digital.

O futuro pertence aos criadores que entendem sistemas. Aqueles que usam a IA não para cortar caminho, mas para multiplicar sua produção. Aqueles que percebem que uma única ideia pode ser transformada em roteiro em 30 segundos, narrada em um minuto, convertida em vídeo em dez e monetizada por meses — tudo a partir de um laptop ou celular. Aqueles que entendem que já passamos da era da atenção pela atenção. Agora vivemos a era do conteúdo com propósito — onde vídeos levam a valor, valor leva à confiança e confiança leva à liberdade. Seus vídeos não apenas entretêm; eles abrem portas. Eles apresentam, qualificam e vendem.

E o que acontece à medida que você cresce? Você começa a recuperar seu tempo. Para de perseguir algoritmos e passa a criar com alinhamento. Sua marca sem rosto começa a ganhar vida própria. As pessoas confiam na sua voz — mesmo que ela seja gerada por IA. Seguem seus conselhos — mesmo que sejam breves. Compram seus produtos — mesmo que sejam simples. Porque você se tornou um guia no mundo delas. Você apareceu consistentemente com respostas. Ofereceu soluções quando outros ficaram em silêncio. E esse tipo de consistência constrói algo mais forte do que seguidores — constrói comunidade.

Então aqui está você, no início de algo poderoso. Você já passou pela curva de aprendizado. Já viu o que é possível. E agora enfrenta a decisão mais importante: continuar ou parar. Você vai se comprometer a publicar com consistência? Vai transformar seu conteúdo de melhor desempenho em um produto? Vai construir aquele funil e automatizá-lo? Vai pegar tudo o que aprendeu aqui e transformá-lo em um sistema de renda real, que funcione com ou sem você?

Porque, se fizer isso, tudo muda. Você começará a ganhar dinheiro sem trocar tempo por dinheiro. Vai acordar com novos seguidores, novos inscritos e novas comissões — não porque trabalhou mais duro, mas porque construiu sistemas mais inteligentes. Poderá viajar, descansar ou começar algo novo sabendo que seu conteúdo continua ajudando pessoas e gerando resultados — silenciosamente, de forma consistente e previsível. E um dia vai olhar para trás e perceber: isso nunca foi apenas sobre fazer vídeos. Foi sobre construir uma vida nos seus próprios termos.

Esta é a sua era. A revolução dos criadores impulsionados por IA e marcas sem rosto já começou. As ferramentas estão prontas. A audiência está esperando. E o primeiro passo continua sendo o mais poderoso: abra seu laptop, escreva seu próximo roteiro e clique em publicar. Um vídeo de cada vez, você não está apenas construindo renda — está construindo liberdade. E, no fim das contas, é disso que esse movimento realmente se trata.

Então avance com coragem. Avance com consistência. Avance com inteligência. E nunca esqueça: você não precisa ser visto para causar impacto — você só precisa estar presente.

Bem-vindo à sua nova vida como criador.

www.ingramcontent.com/pod-product-compliance
Lightning Source LLC
LaVergne TN
LVHW010842051026
849532LV00007B/2797